혼자 사는 집

초 판 1989년 10월 25일
재 판 2017년 9월 10일
지은이 김낙영
펴낸곳 초록낙타
주 소 서울 중랑구 용마산로 228
면목아파트 3-701
등 록 제25100-2015-000011호
전 화 02-990-7231

전자우편 gwvk8888@gmail.com

ISBN 978-89-967990-6-1 03810

혼자 사는 집

김 낙 영 詩集

서문

처음 이 시집을 낼 당시만해도(1989년) 우리 삶의 방식들이 고전적이었다고 할 수 있을 것이다.

여자거나 남자거나 결혼적령기가 되면 결혼을 하는 것이 당연한 것이었고, 아들 딸 많이 낳고 사는 것이 복된 삶이라고 생각했다.

부모에게 효도하고 집안 제사를 받들 자손을 낳는 것이 당연한 것이었다. 그러나 언제부턴가 대가족 제도가 핵가족화하면서 그런 가치관은 무너지고 말았다.

농경사회가 산업사회로 전환되면서 농민들은 공장 노동자로 변하였고, 고향을 상실하는 시기이기도 했다.

일가친척들이 한마을에서 오순도순 살던 전통적 삶에서 핵가족으로 분화하였고 그 분화는 또 개인으로 분화 해 콤퓨터나 스마트폰에 몰입하는 세태로 변했다.

4분의 1이 1인가구로 통계가 잡힌다고 하니 그만큼 혼자 사는 사람들이 늘어나고 있는 것이다.

이 시집은 1980년대 '저 바람 누가 잠 재울 것인가'란 제목으로 나온 시집이다. 그 당시 아차산 뒤쪽은 도심에서 멀리 떨어진 분위기였고 개인적으로는 멀리 유배를 당한 기분이었지만 건강이 너무 안 좋아 술에서 멀어지기 위한 방책으로 이사를 했다.

산 밑에 혼자 사는 외로움이 산의 고요한 정적과 함께 가슴으로 스며들었고 한낮에 뻐꾸기의 청아한 소리가 온 산을 채우고나면 소쩍새 울음이 깊은밤 가슴을 더 한층 적막에 빠지게 했다.

자연이 내리는 세례를 받듯 번뇌로운 삶에서 벗어난 생활이었다.

엄혹했던 군사독재의 어두운 그림자가 세상을 공포 속으로 몰아넣었던 시절이기도 해 우리들의 영혼은 피폐했고 이그러져, 어두운 골목을 어슬렁거리며 알콜에 젖는 것만이 우리의 유일한 위안인 시절이었다.

제 정신을 가지고 살면 의식화 되었다하여 감옥에 가야만 하는 시절이기도 했다.

억울한 영혼들의 아픔과 시대의 고통이 바람이 되어 어두운 골목을 할퀴고 다닐 때 그 바람을 누가 잠재워 줄 것인가? 하늘에 대고 한탄하는 호소였고 외롭게 떠도자는 자들의 처절한 절규이기도 했다.

그때와 비교한다면 지금은 수 많은 빌딩들이 높아져 즐비하고 화려해졌지만 외로운 사람들이 더 늘어나고 길거리에 버려지는 사람들이 늘고 있으니 그 원인은 무엇일까.

혼자 사는 사람들이 자꾸만 늘어나는 사회가 정녕 우리가 꿈꾸었던 세상이었을까…

거기다 더해 자살하는 사람들의 숫자가 늘어나고 고독사를 해, 죽은 지 수 개월이 지내서야 발견되는 세태를 어떻게 이해해야 하는 것일까…

우리는 무엇을 향하여 달려가고 있는 것일까…

이러한 세태 때문에 인류의 한 무리가 한번 탐익하고 버린 마르크스의 자본론을 다시 창고에서 찾아내, 힘없는 노동자들, 버려지는 자들을 구원하는 복음서로 활용해보겠다고 나서지 않을까싶다.

이 시집에 발문을 맡아주셨던 정공채시인은 형님같은 분이었고, 이상하게도 우리는 만나자는 약속을 하지 않았는데도 전철이나 거리에서 우연히 잘 만났다.

만나면 어김없이 "김형! 막걸리 한 잔 하러 갑시다" 하는 말과 함께 허름한 대포집으로 가 격의없이 신변잡기에서부터 가정사까지 모두 털어놓으며 한담을 나누었다. 그러한 시간을 통해 투명하게 서로의 감정을 읽을 수 있었고 깊은 교감을 나눌 수 있었다.

언제나 다정다감했던 정공채시인이 이 세상에 안 계신다는 사실이 한동안 텅 빈 산에 홀로 있는 기분이었다.

신경림시인은 가끔 행사장에서 만나 조용히 묵례만 나누지만 그 미소에는 수 많은 언어들이 녹아있어 강물처럼 가슴으로 잔잔히 흐른다.

금번 재판 발행에 정공채시인과 신경림시인의 발문은 그대로 살렸고 최울가 화백의 표지화는 쓰지 못해 이주연 디자이너에게 수고로움을 끼쳤다.

2017년 9월 초
용마산 아래서　김낙영

차례

3부 저 바람 누가 잠재울 것인가

4부 혼자 사는 집

5부 민들레 할머니

1

강

강
종교 1
종교 2
서울
무소유 1
무소유 2
고양이
불구자

강

강은
퍼덕이다 일어나지 못하는
날개

빛 여울
비늘 되어
인광의 번득임만
가득한 눈동자

하늘로
다 오르지 못한 자들의 꿈
다시 모여 함께 흐르는 강

하늘에서
다 이루지 못함
땅으로 내려서
깊은 곳으로
깊은 곳으로
모이는 꿈

밤마다
달님을 품고서
고향을 향해 가는
눈물과 원한

비통과 절망
모두 잘라내어 흐르는 강

축축히 젖은 눈동자마다
강은 길이 되어
함께 흐른다

시뻘건 피마저
분해되어
출렁이는 곳
아무리
잘라내어도
아무리
토막내어도
서로 흐느끼는 강
아무리
작은 것이라도
거부치 못하는
만남의 엄숙함

너와 나
작은 티끌마저
못된다 하더라도
모두의 모습
다 품어 안는
넉넉함

색색으로
피어나는 밤의
현란한 불빛들마저
모여드는 강

기슭에선
끝없는 만남과
속삭임
아픔과 슬픔
삶과 죽음
모두 함께 흘러가는 길

강은
눈물이 없다
강엔
주먹이 없다

강은
얼굴이 없다

강은
몸뚱이 일 뿐
땅을 쓸어안고
버둥대는 몸부림

승화되어 오름이
다시

맑음으로 땅에 오는
반복일 뿐

강은
맑음의 끝
길의 끝

달려드는
바람들이
겹겹으로 엎어져
함께 흐르는 강

시퍼런 칼날을 세워
수 천년 칼질을 하여도
갈리지 않는 몸뚱이
끝내는 제 몸 자르던
칼마저도

그 몸으로 몸 씻겨
모습 찾아주는 곳

다둑 거리고
씻김이 있을 뿐

땅의 어머니
그 품에서
울려오는 침묵

삶의 골짜기
골 골에서
지쳐 쓰러지는 얼굴들
모두 씻어주는
땅의 어머니
강

처녀의 풋풋한 몸내음
첫경혐의 붉은 피
첫사랑의 가슴 찢어진
눈물들 함께
출렁이는
강

모든 것은 침묵일 뿐
모든 것은 과거일 뿐
아픔이 있기에
상처가 있기에
우리는 더욱
성숙해 가고
땅의 노래를
불러야 한다

한 개의 돌맹이에도
들려오는 숨소리와
싱싱한 내음이
담겨 있거늘

어찌 고동치는
가슴의
고동소리 들리지 않으리

푸르고 푸른
출렁임

역사가 있기전에
아미 역사가 있었고
만남이 있던 곳

버려지기 전에
이미 아낌이 있던 곳

그래서
또 다시 출발하여
생명을 키우는 곳

땅의 끝에서
땅으로 이러지는 길

목을 자르는 자의 땀방울과
목을 잘리운 자의 피가 만나는 곳

출렁이는 몸뚱이
주먹을 잃어버린 강
얼굴을 잃어버린 강

하늘에 빌다 지쳐
땅에 비는 자들을
부르는 곳

언제나
자르는 자가 지쳐야 하는 곳

그래서
목숨이 자란다

이제는
강
우리는 강이다

서늘한
눈으로 다가오는
물의 비늘들

강의 숨소리
땅의 탯줄
생명의 어머니
강

종교 1

고요한 밤
정갈한
물 한사발

그 속에
마음을 담구어
두 손모아 빌던
우리의 혼

고요한 밤
홀로 비는
의연함

우주와 홀로 만나는
당당함

맑음을
넘어
엄숙을 눈감아

하늘과 일치되는 시간

이 보다
더 깊고

이 보다
더 승화된
종교가 있을까

종교 2

당신의 종교
가난
가난으로
다듬는
당신의 종교

가난은
냄새나는 부랄 마저도
감출 수가 없는
냉혹함이 있어

스스로를
내놓고 다듬는
당신의 믿음

가난의 칼날
세워

스스로를 깎는
당신의 길

서울

서울은
싸움터
서울은 나그네 집합소
서울은 우리의 고향을 없앤
요물

서울은
잔인하고 뻔뻔스럽고
서울은 혼자 유별나고
특별나서 우리의 등골을 뽑으며
시치미 떼는 곳

서울은 부나방을 잡듯
호화찬란하게 불을 켠 곳

우리는
서울의 거미줄에 걸려
팔딱이다 지쳐 죽을 불쌍함

서울은 급한 곳
서울은 서울이라고
고집을 부리는 곳

서울은

인파의 출렁임
그 속에 한 몸뚱이는
우리의 외로움

서울은
술집의 백화점
서울은 외로움의 진열장

무소유 1

러시아 톨스토이는
막판에 모든 걸 나누어 주고
거러지 되어
어느 역에서 얼어 죽었다 하던가

석가는 왕관도 나라도 버리고 고행을 통해 빛을 얻고
예수는 버릴 것 없이 태어나
아무 것도 없이 피 흘리며 죽었다 하던가

불란서 시몬느베이유는
교수 자격을 가지고도 공장에서
일하며 노동자의 대우 개선을 위해
일하다 영양실조에 얼어 죽고

지킬 제 집도 지킬 제 땅도 없는 놈들은 나라 지킨다고
삼팔선에서 죽어 넘어질 때
제가 지켜야 할 제집 제땅 버리고 자식새끼 외국에
빼돌려 놓고
남의 나라로 도망 갈 궁리 먼저 하던 놈들이 항상
애국자 행세하는 것은 무슨 이유일까

아무 것도 없는 자가
악다구니를 쓰며 지켜야 하는 것이
민족을 배신한 앞잡이를 위해서인가

도망가는 비겁자를 위해서인가
아직도 힘이 정의가 되는 사회를 위해서인가
썩어가는 도시의
환락을 위해서인가
부정부패를 위해서인가

무소유 2

월남의 쟝글 속에서
생과 사를 넘으며
생명을, 소유를 사색했었다면
얼빠진 짓이었을까

소유란 과연 무엇인가
집착인가
경쟁의 대상인가

무소유 세 글자를 얻어서
관물함에 써 붙여놓고
참 편안함을 맛보고 있을 때

쟝글 속 구경도 못해본 본부 애들은
전사한 전우의 유품 속에서
값진 물건을 슬쩍슬쩍 한다는
유언비어성 소문 들으며

남의 나라 유언비어려니
생각했었다면 얼빠진 짓이었을까

인간에게 있어
소유란 무엇인가
집착이란 무엇인가

오늘아침 신문엔
벌건 대낮에
제 나라 민족이 제 나라 부녀자를
납치해
아무 데나 팔아먹는 패거리가
수도 없이 많다니

숨 떨어진 전우의 유품에서
슬쩍슬쩍 한다는 유언비어쯤은
아무 것도 아니었구나
아무 것도 아니었구나

고양이

너는 결벽증이다
방정스럽게
발을 탈탈
털기도 하고

젖은 곳은
살살 피해 걷고

뭔가 묻을 새라
조심조심 걷는 너

전생에
쫓기고 쫓기다
고양이 되어

바람도 허물리고 말듯
고요한 몸짓인가

틈나면
그 작은 혀로
발바닥 사이사이 까지
핥아대는 너의 결벽증

불구자

마음의 불구
삶의 불구

사지 멀쩡한
불구자

절단된
마모된
모습으로 떠도는
불구자

멀쩡한 몸으로
불구되어
비럭질도 못해
서러운 불구자

어두운 곳으로
어두운 곳으로 파고드는
끼리끼리들

어느 이방의
암울한 옷을
걸치고 모여

불구의 모습 감추려

서로의 뒤로
서로의 뒤로
서는 불구

2
신부님의 고백성사

아메리카
形而下 1
形而下 2
이데올르기
마키아벨리
태미할아버지
콤플렉스
성신(性神)
예술(藝術)
가난병(家亂病)
남자는 도둑놈
農者天下之大本
不安
길쌈아줌마
점호
4.19탑
아버지와 아들
신부님 고백성사

아메리카

역사가 없는 나라
꿈은 있지만
역사적 경험이 없는 아메리카

우리의 역사를
거대한 민족적 열등감 속으로
밀어넣은 아메리카

形而下 1

사랑은 주는 것이라 했지만
진실로 주는 것에
익숙치 못한 곳

소유의 댓가를 치르기 위해,
소유를 위한 조건을 갖추기 위해,
바쁜 경쟁자들이 있을 뿐

존재의 이유를 물으며
존재의 이유를 찾으며
열병을 앓는 곳

스스로
필요의 도구로 전락된
지식의 오류를 범하는 곳

그래서
편치 못한 곳

形而下 2

세상은 온통
끝도 없이 이어지는
돈 벌기 대회
밥자리 찾기 대회

모두 선수되어
달리는 세상

눈, 코 뜰 새 없이
한 푼이라도 더 줍고
더 빼앗고
아귀다툼
아귀다툼

이데올르기

이데올르기는
역사적 경험이
있기까지는
열병인가

서로를 총질하면서
이데올르기 위에 서는 자
앞에 서는 자 되려
싸우다
속이 내보일 때쯤 되면
역사적 과도기였노라는
말씀으로 얼버무리시는
이데올르기

목적을 위해서
동원된 방법과 수단이
비합리적 부도덕적이었을 때
알레르기 돋은 목청으로 비판한
그 목소리 주인공들은

목적을 위해
타인 아닌 자신 스스로가
수단의 도구 되시니
누구를 비판할 대상도 없으이

오직
즐기기 위해서
존재하기 위해서
윤리는 깨 부셔야 한다
외치는 저 핏발선 주먹들

이기기 위해서 살아야 하고
살기 위해 경쟁해야 하는
이리떼
물어라 뜯어라
그리고 존재를 즐겨라
외치는 저 원시성

우리 모두는
적이 되어서
서로를 증오하며
약한 자는 죽음이 있을 뿐
그 죽음을 딛고 선
우리의
피 묻은 입술

마키아벨리

마키아벨리
마키아벨리

국가 지상주의자

그대
다시 태어난다면
인간주의
인간 지상주의자가
되어주시게

우린 지금까지
국가를 위해서
국가의 이름아래
얼마나
삶이 찢겼는가!

서로 죽는 것도
국가를 위해서라면
당연하고

살인
대량 살인도
적국이라는 이유 때문에

훈장을 달며
영광스러워 하지 않는가

국가 지상주의는
국가를 키운 후 국경을
넘어가려는 고질이 있고

독재자는
살인을 하며
국가 질서라는 이름으로
얼굴을 가리고

마키아벨리
그대 다시 태어난다면

인간주의
인간 지상주의 자가
되어 주시게

인간이라는 이유만으로
인간이기 위해
인간의 사랑
다 하도록 하여주시게

태미 할아버지

애야
그 막대기 버려라
버려라
버려

막대기 때문에
꼭 싸움이 되지 않냐

막대기가 손에 있으니까
그걸 가지고 때려보고 싶어
싸움이 되잖니

어서 버려라
어서 버려

태미 할아버지는
거북이 등 같은 손으로
농사밖에 몰라도
싸울 무기가 없으면
싸움이 안 된다는 걸
일찍 아신 할아버지

아이들 손에
뭐만 들려 있으면

버리라고
소리치신 영감님

힘센나라
군축회담 할 때마다
생각나는
태미 할아버지

콤플렉스

상처
죽음으로도
지을 수 없어

그래
죽을 수 없어
악으로 산다

붉은 두 눈을
휘번득여
약한 자 기죽어
쓰러지고

악착스럽게
매섭고 독한
삶의 공식 살벌한 거리

나는 너를 죽여야 살고
너는 나를 죽여야 사는 경쟁이다
경쟁이다

나는 너의 쓸개를 훔치고
너는
나의 간을 훔친다

이제는
더 훔칠 것도 없어
너의 여자를
너의 딸을 훔쳐 팔아
술을 마시고
디스코로 미친 후
네 얼굴에 오줌을 갈긴다

두 다리 두 팔
머리통
엉덩이를 흔들며
아무 짓도 안했노라
아무 것도 모르노라
몸을 흔든다

서로 뒤엉켜
모르노라
몸뚱이를 흔들고
납치해 판
여인들의 섹스 비데오를
보며
X물 갈기는 세상

비디오 주인공은
아메리카 산이어서
섹스도 잘 하고
깽질도 잘 해

교재용으로
그래도
쓸만했는지

요즘
꽤나 성과가 있어
신문마다 연일
차치기
부녀자 납치단 강도단
가정 파괴범 늘어

조상님들 말씀이
양 오랑캐라 했다더니
핵가족으로
부모 내몰고
남녀 평등으로
이혼 늘어

우리의 모델 케이스 나라
아름다운 나라
아메리카 만세
아메리카 콤플렉스 만세

성신(性神)

흰 눈이 내리는
소리 속에
옷 벗는 소리마저
감추는
너의 고요한 간음

너의 나약함은
페미니스트를 만들지만
결국은
추락하는 성의 질곡

스스로
순결을 희롱하며
지켜지는 순결은
아무것도 아니다
부르짖는 너

하지만
순결성 순수성으로
유혹하는 너의 얼굴
이것이 너의 모순이다

너의 모순을
너의 성기로 부숴대는

밤의 캐터필라
철의 근육되어
너의 성감을
불태우는
육체의 신이여

실컷 즐기자
죽도록 즐기고
어리석은 신을
희롱하러
일요일엔 기도하러 가자

즐기고
간음했지만
용서빌고 기도하면
구원받는 편리함

머리는 메너리즘
눈은
계산을 위한 레이다

풍만하게
갖추워진
영양분의 덩어리
스테미나를
잘 갖춘 육침(肉針)의 사내여
그대의 재력(財力)은 어떤가

예술(藝術)

예술은
꼭 아름다워야 하는 건가
그 명분아래
얼마나
진실이 가려지고
현실이 왜곡 되었는가

피 흘리는 현실을
썩어 곪아 터지는 현실을
얼마나
덧칠하여
아름답게 감췄는가

배불리 먹고
식민지의 땀을 착취하여
살찐 자들이 졸며 그린
목신의 환상
그들 흉내 내며
이 시대의 지식인으로
군림한 무비판주의
시대의 영합주의 예술
똥내 나는 예술
예술이란 이름으로
거리의 벽마다

벌거벗은 채 뒹구는 몸뚱이들
벌거벗은 포스터

예술의 극치
예술의 정점은
벌거벗은
몸뚱아리에만
있는 것인가

예술은 표현의
자유만
있을 뿐

결과는
필요 없는 것인가

가난병(家亂病)

잘 먹고
잘 살기위해
얼굴에 온갖 개칠을 다 하고
바쁘게 바쁘게
다니시는 자네씨

허 얼마나 바쁘신가

먹을 만큼
처먹고
챙길 만큼 챙겨 놓고도
더 챙길레다
목구멍에 걸리는
가난병
가난병은 지독하기도 하여라

가난병을 앓고 남은 것이
가난 노이로제

사람대접 못 받고
쩔쩔맨 천대 노이로제

큰 소리 한 번 쳐보고
사람대접 받아 볼 욕심 넘쳐

사람 짓밟는 천대 노이로제

무식은 학식을
학식은 지식을
지식은 자아를
자아는 고독을
고독은 해탈을
이렇게 비스듬히라도 가면
얼마나 좋으랴마는

이 세상
밥 그릇 지키기에
찌들어

여리박빙(如履薄氷)으로
위로 가선
그저
네 네 예스 예스 오케이
밑으로 가선
헬로 땡큐 망치로
대가리 팍팍
밟으며 밟으며
잘 먹고 잘 살길 찾아,
살아남을 길 찾아
바쁘시고 바쁘신
가난병 노이로제
천대 노이로제

남자는 도둑놈

남자는 도둑놈
그 말은 상큼스러운 저질성이다
여자는 도둑년
그런 말은 없다

오뉴월에도 서리날리는
독한 년은 있어도 도둑년은 없다

헌데
사우디아라비아 땀을 찍어
보낸 돈
함께 잘 살아보자 뙤약볕에
살 끄을린
그 돈으로

슬로우 슬로우 퀵퀵 배워
슬로우 슬로우 남녀평등
슬로우 슬로우 퀵퀵 타락해
슬로우 슬로우 돈 날리고
슬로우 슬로우 배 맞춰

새끼 버리고
서방 버리고
사람 얼굴 버리고

남은 돈 보따리 싸
달아나는
도둑

슬로우 슬로우 퀵퀵이

슬로우 술로우 퀵퀵
사람 무너뜨려
더러운 도둑 만들어
더러운 도둑년
역사적 단어 탄생

아이고
하느님

경찰서 문전에
도둑년
머리채 잡혀
휘청입니다

야 이년아
그 돈이 어떤 돈인데!

절규
칼날이 되어
날아갑니다

못 박힌 손
따뜻이 녹여줄
또 하나의 손 잃어버리고

마디 진
손마디
부르르 부르르
허공에
몸서리 칩니다.

農者天下之大本

흙은
거짓말을 할 줄 몰라
콩 심은 데
콩 나고
팥 심은 데
팥 나

땀 흘린 만큼
거두어
땀 흘릴 땅을
지킬 수만 있다면
그만인
그것도
꿈이라고

빚이 되어
농자천하지대본
이제
한 물 갔구나

콩 심은 데
콩 나고
팥 심은 데
팥 나고

흙은 여전한데
무엇이
흙을 속이노
흙을 밟아 뭉게
똥이나 끼얹어라
줄행랑이다
줄행랑

저 미쳐 돌아가는 곳
오색 네온싸인에
눈멀어 떨어질
도시의 부나방
떠돌아 죽어도
고향땅 아니 밟으리

이빨을
으드득 깨물어
조상의 뼈를 캐어내
허공에 흩뿌려

이젠 떠돌이다
이젠 부나방이다
이젠 뿌리 없는 후레자식이다

불안(不安)

나른한 햇살 밑에서
조각난 얼굴들이
찢어진 몸들이
서툰 그림처럼 모여
하나가 된다

서로를 묶는 끈이
서로를 부르는 음성이
언제
풀려
어떻게 무너져버릴지 모르는
불안으로
하나 되는 얼굴들

길쌈아줌마

저
선생님
우리 아들을
육사를 보낼까
하는데
어떨까요?

끝에 요자에 가서
코 소리로 한 번
파도를 친다

그놈이
육사를 나올 때쯤에도
군인들이 힘을 쓸까요

나 같은
불행한 군인이
이 나라에
다시는 없길
바란다 하시며
그 분은
부하의 총을 맞고 가시는
불행을 보여주셨지만
다음 분은

불행인지
행운인지
백담사에
기도를 하시는데
길쌈 아줌마는
아들놈 운명을
꼬메어 붙이듯
바늘을 꽂는다

육사를 보낼까
검사를 만들까

길쌈 아줌마
바늘이
세상의 바늘이 되어
세상의 가슴을 찌르는가
찌르는가

점호

오늘은
하느님의 점호를
받습니다

열중 쉬엇!
차렷!
침상 삼선에 정열!

이런
구호도 없습니다

마음에
때가 얼마나 끼었나
얼굴 가죽이
얼마나 두꺼운가

쓸개가
제 자리에
붙어 있나

콩팥이나
심장이 제 자리에
제 기능을
다 하고 있는가

모두 점검을
받습니다

하느님께서는
가끔
헛 그놈
간덩이도 많이 커졌구나
코방귀도 뀌시고

야! 이놈
쓸개 봐라
어쩌다 이놈이 이 지경이 됐지

한탄도 하십니다
야! 이놈은 벌써 썩고 있구나
아휴 냄새
코를 막기도 합니다

하느님께서는
이놈들이
이렇게 변할 수가 있을까
놀라시는 표정입니다

하느님을
직무유기 죄로
고발하겠다는 패거리들도
한편에 있습니다

하느님은
골치 아픈 표정입니다
하나 둘이 아니고
정도가 너무 심하여
어떻게 손써 볼 대책이
없는 표정입니다

한 말씀
얼버무리시고
점호를 끝내는 게
좋겠다고 생각한 모양입니다

땅에서 나는
기름진 음식과
우주에 가득한
맑은 공기 마시는 너희들이
어쩌다 이렇게
어지럽게 됐단 말이냐

어찌해야 할지
참으로 한심하구나
분별없는 것들 같으니라고
쯔쯔쯔
혀를 차며
돌아서십니다
돌아서고 맙니다.

4.19 탑

아침엔 비가 촉촉이 내렸습니다
4.19의거 28주년이 되는 날이랍니다
하얗게 소복하신 여인들이
금방 초상난 초상집처럼
주름진 얼굴에 땅이 꺼질 듯
한숨을 쉬며 묘지 옆을 오갔습니다

저 부인이 한 60은 넘었겠지-
저 묘가 아들인가보구만-
살았으면 한 사십 넘어섯겠구만-

죽을 때 당시 몇 살이었을까
그 때 심정이 얼마나 아팠을까
지금 살아 있다면
장가도 가고 애도 낳고 하며 살 텐데
하는 아쉬움입니다

살아서 묘지 앞에 온 산 사람들은
얼마나 속 시원히 뭐 잘 되는 일 있어 오셨겠습니까
답답하니까
그분들 앞에
살아 있는 것이 죄 된 기분 되어 오셨다 가시는 거
아니겠습니까

소설 쓰시고 수필 쓰시는 표문태 선생님은
허연 수염을 바람에 날리시며 오셨습니다
하얗게 피어난 백합 앞에 한숨을 쉬시며
소주 한 병에 과자 한 봉을
주인 없는 네 분의 묘 앞에 놓으시고 소주를 따랐습니다

죽어서 찾아오는 사람 없는 거
참 쓸쓸 하였습니다
친구도 오고 후배도 오고 부모님들이
다 오는데 그 네분의 비 앞에는
와야 할 사람들이 없어
표문태 선생님이 대신 오셔서
해마다 술을 한 잔씩 치고 가신답니다

사람이 죽어 누가 오는지 가는지를 알지 모르지만
그래도 정신이 남아 사람의 발을
부르는 것은 축복 받은 일입니다

소주를 음복으로 한 모금씩 나누고
정당에 몸을 담고 정치를 하신다는
김선생님은 안경 넘어 눈빛이
살아 있지만 어쩐지 피곤에 지쳐 있는 모습에
힘이 다 빠져 가지고 하시는 말씀은
사는 맛이 없습니다-
사는 재미가 없습니다-
말끝에 한숨을 내쉬시며 넋두리입니다
다 썩어가지고 난장판입니다-

민족과 나라를 생각하는 것이 아니라
욕심이 앞섰으니 나라가 되겠습니까
난장판입니다-
인제 정치도 졸업해야겠습니다-
김일성이 한테 상 받을 사람은 좌경을 한 학생들이
아니라 좌경이 생겨나게 한 사람들이지요-
박정희 전두환 이 사람들이 상받아야지요-
어찌될지 암담합니다-

김 선생님은 절망과 좌절 속에 빠져 있는 모습입니다
다 썩어 있는 정신에서 뭐가
되겠는가 하시는 말씀이었습니다
연세 높으신 어른들이 한결같이 걱정이었습니다
어떤 이는 벌써 낮술에 취해
하얀 탑 뒤에서 소리를 지르며 다녔습니다
얼굴이 붉게 일그러져 눈물을 뿌렸습니다
그 눈물이 떨어진 땅에 봄은 와 있습니다
해마다 봄은 와 진달래 개나리 백목련이 피어나지만
4,19 정신엔 봄이 오지 못한 모양입니다

4.19 정신은 총알처럼 팽 날아서
어느 흙 속에 박혀버렸는지
아니면
사람들 주머니 속 담배갑에 들어가
연기되어 이리저리 흩어져버렸는지
4.19 행사는 해마다 있어도 그 정신은
오리무중에 행방불명인 듯 합니다

4.19 정신은
영동 술집들 여자들이 홀딱 벗고
남자들 틈을 비비고 다니며
서양 노예들이 하던 짓을 흉내 내는 곳에
술 취해 있는지?
가랑이 벌리고 궁둥이를 내흔드는
지하에 쓰러져 있는지?

4.19 때만 해도
여인들의 치마 끝이 복숭아뼈에서
한 뼘 정도나 올라가 있었던 거 같습니다

이제는 몸을 노출시키는 것은
아무 것도 아닙니다
요즘 잘난 여자는 연애 상대 따로 있고
결혼 상대 따로 있고 시집가서도
서방 잘 바꾸는 여자가 잘난 여자라고 합니다
잘난 사내는 몇 백억씩 해먹는 사내가 잘난 사내고
이런 사람들이 계산에 의해 만나 계산적으로 아이를
키우는 세상에 뭐가 되겠습니까

늘어나는 것은 여관에 술집입니다
일찍부터 배운 게 낮으로 밤으로 해대는 거
그것뿐인가 합니다

웬 여관에
웬 호텔에

웬 남녀가 꽉꽉 차서 만원인지
참 신기합니다
라이브 쑈도 화끈히 벌이고
화끈히 보는 세상입니다

영화는 너도나도 홀딱 벗고 나와
핥고 비틀어 꼬고 신음하며 해대는 거 잘하는 사람들이
일류 스타가 되는 것인지 포르노 스타가 되기 위해
연습하는 것인지 알 수가 없습니다

독립운동가의 높은 기개와 용기
4.19 정신을 기리는 영화가 나오면
나라가 망하기라도 하는 것인지
벽보마다 훌렁 벗고 있는 영화 포스터여서 그거에는
상당히 일찍들 눈이 뜨는 모양입니다

아직 어린 도둑들이 떼를 지어 물건을 털고
그 짓까지 해 가정파탄이 나는 풍요로운 세상입니다

배가 고파 도둑질 하는 거
그것이 뭐 큰 죄 되겠습니까마는
처먹고 배불러 잡지랄 하는 세상 만들어가는 본보기가
된 자들은 누구인지 알 수 없습니다

4.19 탑 하늘로 솟아 이 땅을 굽어보신다면 심정이
착잡할 것만 같습니다

빌딩들도 상당히 높아지고 많이 생겼습니다 몇몇은 확실히 돈도 많이 번 모양입니다 한국은행 돈에다 땀흘려 일한 사람들이 한 푼 두 푼 맡겨 놓은 돈, 차관 들여 온돈 무역 한답시고 빌려다가 흥청망청 수백억 원을 부도내 은행결손 처리해도 그저 순진스럽기만 한 백성입니다

돈 챙기기 대회에서
돈을 확실히 챙겨서 밤과 낮으로
여자들 가랑이 보러가는 재미에 광복정신
4.19정신 다 잊어버리는 거 아니겠습니까
생각하면 뭐하겠습니까
골 아픈 세상

독립운동 하시던 분 끌어다 족친 왜놈 앞잡이
경찰서장 되는 꼴 못보아
독립운동가 자손 경찰서 쳐들어가 난동을 부려
앗차 빨갱이 된 수도 있다잖습니까
왜놈 앞잡이 되어 잘 산 사람은 지금까지
잘 살고 요소요소 자리 잡고 있으니
이 세상 본받으며 살아야 할 우리의 본보기
우리의 참 규범은 어디에 있습니까
어떻게든 잘 살기만 하면 그만이라는 기회주의
시대의 영합주의 무 주체성 살아 남기주의 만이
제일인 모양입니다
대충대충 눈치 보며 살아가는 세상 되어가나 봅니다
학교입학도 눈치경쟁

사회생활도 눈치경쟁 비위 맞추기
왜놈 비위 맞추며 살다가
힘센 놈 비위 맞추기 세상
눈치 판 극치의 땅이 되었나 봅니다
지식은 구도의 길에서 수단의 도구로
내려섰으니 순진한 백성들 혼을 빼는 세상입니다

조금 이상스러울 뿐 아무것도 아닌 것을
일본 거다 미국 거다 내 놓고 혼 빼기 작전의
앞잡이 되는 얼빠진 지식되고 맙니다

지식 꾼 늘어나지만
세상 되는 노릇 별로 없습니다
얼빠진 지식들
쓰레기 문화 앞잡이
쓰레기 문화 사대주의자 되어
촌놈 촌놈 엽전 엽전 하며 다닙니다

무민족성 무주체성 무철학들
뼁치고 꼬불친 돈 밤이면 만나 떼지어
영동으로 고고다 요정 포르노 비디오다
이태원으로 고고다 미치는 세상입니다
언제적 4,19냐
언제적 광복이냐
언제적 6.25냐
궁둥이나 흔들어라 흔들어라
민족정기가 무슨 개수작이냐입니다

역사는 어쩔 수 없는 현실들만을 요구 한다지만 그 어쩔 수 없는 현실을 만드는 자는 누구인지 알 수 없습니다

우리의 지식은
우리를 부수고
우리를 분석해
개체화 하는 데
기여했나 봅니다
우리를 우리의 역사에서 끌어내려
이방인으로 떠돌게 했나 봅니다

수 없는 선혈들의 고매함 우리의 선혈은
다 썩고 남의 피만 깨끗하다고 가르친 자들이 누구고
그걸 배워 설친 자들이 누군지 알 수 없습니다

이제 우리의 개인주의는
모든 곳에 총을 겨누고 있습니다
역사에 총을 갈긴지 오래이고
부모에게 부부에게 형제에게
부자지간에 총알을 틀어박습니다
편하기 위해서
즐기기 우해서
남의 나라 흉내 내야
문화인 되는 세상입니다

개화사상
계몽사상

이럴 줄 알았으면 하지 말 것을 후회하는 선지식(先知識)들도 있을 법 합니다
개화 앞세워 외래문화 앞잡이 된 꼴입니다

함성은 북한산을 흔듭니다
전경들은 길가에 깔려 있습니다
푸른 국방색이
젊음을 갈등 속으로 몰아넣는 색깔이 되었습니다

외치는 자도 젊은 학생이요
그것을 막는 자도 젊은 학생입니다
젊음의 에너지
그 에너지를 아직도 하나로 모으지 못하는
우리의 지도자들은 무슨 꿍꿍이 속을
가지고 있는지 알 수 없습니다

젊음을 편 갈라 죽게 한 망령들이
아직도 어딘가에 숨어 있는 모양입니다

(2)

세상이 어수선 할 때면
심심찮게 정도령 이야기를 듣게 됩니다
민족적으로 역사적 악성 유언비어 인지도 모릅니다
예수는 이스라엘 정도령인지도 모릅니다

유태인은 아직도 메시아는 오지 않았다

예수는 우리가 기다리던 메시아가
아니다 한다지만 우리는 오히려 그들보다
더 철저히 구세주로 믿고 따르나 봅니다

밤이면 언덕에 올라
수없이 피어나는 붉은 십자가를 봅니다
어둠속에 서 있는 붉은 십자가가 이렇게나 많은 것은
아직도 붉은 십자가의 길이 멀기 때문인지도 모릅니다
예수님은 막판에
신이여 진정 나를 버리시나이까
절규하며 신의 뜻대로 하시옵서소
체념한지 오래입니다만
우리는
그가 진 십자가는 대신 지지 않고 기도만 나불거리는
후진국 신앙인으로 남아 있나 봅니다
우리의 체념
우리의 팔자타령은 후진국 냄새가 나고
신의 뜻대로 하시옵서소 하는 그들 방식의 체념은
제법 선진스러운 뉘앙스가 있나봅니다

정도령 이야기가 나오면 정감록이
대체적으로 맞는다는 말씀들을 합니다
오천년 역사가 있는 나라에서
정도령 이야기쯤 있을 법도 합니다만
정도령 이야기 나오면
웬지 기분이 들뜨기만 합니다

이퇴계 선생님
이율곡 선생님
이지함 선생님
정북창 선생님
남사고 선생님
무학 대사님
도선 국사님
모두 앞일을 예언 하셨던 분들이라 하십니다만
이런 때는 어찌어찌 하라 한 말씀
왜 없으셨는지 모를 일입니다

정자를 파하여 읽는 것은 기다리다 지쳐
급한 마음으로 하는 것인지 모릅니다

우두머리 추, 큰 대, 언덕 구
이러니
정도령은 도시에서는
그른 사람인 모양입니다
너무나
영악스럽고 날렵하게 키우는 도시에선
큰 인물이 나올 수 없을 것도 같습니다

정도령을 기다리지 말고
정도령이 되실 분은
지금이라도
드넓은 하늘과 통하고
단단히 뿌리 내리실 곳을 찾아 가심이

옳을 것도 같습니다

학생들의 함성은
점점 커지고 사람 수는 늘어납니다

누가 돈을 주는 것도 아니고
출세를 시켜 주겠다 보장한 것도 아니고
오히려 몸이나 상할 테지만 28년 전에 죽어 묻힌 자들
앞에 떼를 지어 소리를 지르러 오니 사람들 하는 일이
얼마나 질긴 것인지 얼마나 깊은 것인지 모를 일입니다

해와 달이 제 자리를 지키면 세상이
편안하다는 말이 생각납니다

4.19 탑 앞에
터져 오르는 저 함성은
모두 제 자리를 지키자는
우리의 일깨움인가 봅니다

모두 제 자리를 지키자는
우리의 일깨움인가 봅니다

아버지와 아들

아버지 1

야! 열심히 공부해라
그래야만 훌륭한 사람된다
우리가 집이 있냐
땅이 있냐 재산이 있냐
이 애비 봐라
요모양 요꼴 아니냐
너만은 이래선 안 돼
공부를 해야한다
공부다
어디가서든 인정 받아야
살아 남는다
대우 받는다
그저 공부뿐이다
아무것도 없는 집에서
사람대접 받는 건 공부뿐이다
공부다 공부 공부

아들 1

훌륭하다는 것은 결국
사람대접 못받는 것에 대한 보상 받는 거군요
돈 많이 벌어 잘 사는 거 군요
훌륭하다는 것이

바로 그런 거군요

아버지 2

간판이다 간판
이 애비 봐라
돈만 있지
간판이 있냐 명예가 있냐
너는 이래선 안 돼
간판이라야 대우받는다
인정받는다
간판이다 간판 간판

아들 2

학교라는 데가
바로 간판 따는 데군요
간판 따서 대우 받는 게
훌륭한 거군요
우리의 청춘
우리의 인생
정말
이런 건가요

신부님의 고백성사

천주님
감히 고백합니다

마틴 루터가
부럽습니다

신의 길과
인간의 길을 걷는
루터의 용기가
부럽습니다

솔직히
신부가 신일 수
있습니까

신을 대신하는
신부라는 이름에
눌려 신음하는
인간의 모습일 뿐입니다

거기다
인간들의 모든 고통과
죄악들을 모두 듣고도
조금치도 해결해 주지 못하며

기도로 해결케하는
이 무력한 존재를
신으로 만들어 주소서

신이기에
신으로 만들 수도 있겠지만
신의 질서와
인간의 질서가 달라
신으로 만들 수는 없겠지요

천주님
옛날이나
지금이나
조금도 변화가 없는
이 세상

기도하는 자는
자꾸 늘어나지만
세상은 조금도 깨끗해지지 않습니다

예수님만
매달리며 기도하는 자들은
늘어나도
예수님을 알고 행하는
지행일치(知行一致)는 멀고
기도가
만병통치약일 뿐

죄악도, 병고도,
기도면 다 되고
자신을 속이는 것도
신의 뜻이라고 치부하며
자아상실증 환자가 늘어납니다

교회 많고
신도 많고
많아서 좋지요

천주님
고백합니다

인간의 탈을 벗게 하소서
전지전능하게 하소서
신이 되게 하여 주소서

인간으로 하여금
선(善)만을 행하도록 뇌세포를
조작해 놓겠나이다

그래
악을 보지도
배우지도 않게
하겠나이다

3

저 바람 누가 잠재울 것인가

당신께 죄인입니다

절망 앞에서
더 큰 절망으로,
아픔 앞에서
더 큰 아픔으로
위로 하지 못한 나는
당신께 죄인입니다

한 개의 눈알이
빠진 당신께
두 개의 눈이 다 빠진 자도
있는데 뭘
하는
매끄러운 혓바닥으로
위로한 나는
당신께 죄인입니다

한 개의 다리가 잘려나간
당신께
두 개의 다리
두 개의 팔이 잘린 자도
있는데 뭘
공허한 소리로
위로한 나는
당신께 죄인입니다

가난에 지쳐
허덕이는 당신께
거렁뱅이도 많은데 뭘
하는
무딘 감정으로
위로한 나는
당신께 죄인입니다

당신의 절망 앞에서
당신의 아픔 앞에서
당신의 가난 앞에서
쑥쑥 자란
저 이름 높은 사람들
그림자에
위축된 당신께

그래도
참고 살아보라
위로한 나는
당신께 죄인입니다

명예 없이
가진 것 없이
위로한 예수나
석가를 앞세워
편히 잘 사는 그들의
위로를

그래도
믿어보라고
믿어보라고 한
나는
당신께 죄인입니다

당신께 죄인입니다

저 바람 누가 잠 재울 것인가

한 알의 모래이거나
한 포기의 풀이거나
한 개의 바위돌이 아니어서
나의 아픔은 시작이 있었고

그래
마음 자리를 없애지 않고는
안 아플 수 없다는
佛家의 말씀은 참 매력적이다
하지만 그 길을 닦는 것이
어디 보통일인가
어디 보통일인가

그래
한 잔의 술이다
얼마나 좋은가
모든 것을 잊는 것이다
잊는 것 같이 또 좋은 게 있을까

예수의 사랑 같이
뜨거운 사랑을 끊임없이
할 수 없을 바에는

왼뺨을 맞고 오른 뺨을

내 줄 뜨거운 사랑 없을 바에는
잊어버리며 살자

마음으로만 그려도
간음의 죄 크고
뜨거운 사랑 펴는
하느님의 도구 되는 일 피해 다니는 죄
더하며 기도만 하는 허깨비
예수의 사랑을
죄 사함의 도구로만 삼는
신앙인 되어
허물 더 하느니
잊어버리자
잊어버리며 사는 거다

한 잔의 술이 아니고도
잊어버림에 있어
어려움이 없도록 하는 거다

모든 것은
지나쳐가는 것일 뿐
지나쳐가노라면
모든 것은 아물고
아물어든 자리에
또 하나의
새로움이 피어나리

칸트는
철학적으로
인생은 과정일 뿐이라
했음이지만
결코 결과일 수 없다
했지만

우리는
우리의 아픔
다 품어 안고
갈 수 없는 가슴일 뿐

우리의 가슴에
박히운 못은
누가 다 박으며
박히운 못은
누가 다 뽑아 줄 수 있으랴

가슴에서
흐르는 뜨거운 마음의 피
그 피를
뉘 있어 곱고 고운
마음으로
다 닦음질을
할 수 있으랴

못 박힌 가슴으로 죽어

떠도는 영혼들
어느 자리에 모여
그 가슴
움켜잡고
신음
신음 할 것인가

때로는
바람도 미쳐
못 박힌 가슴 되어
세상을 다 할퀴지 못해
애 태우는 밤
뉘 있어
그 바람 잠 재울 것인가

밤마다
미쳐
유리창에 와
미끄러져 쓰러지는
저 바람
뉘 있어
다독거려 잠 재울 것인가

사막

사랑은
새가 되어
날아가고

마지막
가는 길은
뜨거운 사막

너와 내가
마셔야 할 오아시스엔

이미 가시철망
쳐져 있고

우리는 갈증 난
입으로
저 모래 바람을 마셔야 할 뿐

지친 자를
더 지치게 하는 어둠

따뜻하게 내미는
또 하나의 손이
그리운

이 어둠의 사막이여

사랑의 날개 퍼덕이는
소리
신기루 되어
사라지는 사막

외로운 그림자
더욱 외롭게
고달픈 자 더욱
고달프게,
피 흘리는 자 더욱
피 흘리게 하는
우리의 사막엔
어둠이
더 어둡게 내린다

사막의 끝에서
들려오는 흐느낌
흐느낌을 흐느낌으로
즐기는
우리의 사막엔
시원한 자를 더 시원하게
적시는 오아시스

목마른 자
더욱 목마르게 하는

오아시스가 있을 뿐
달려가다 지쳐
쓰러지고
쓰러진 자 밟으며
가는 모래사막

환상일지라도
신기루라 할지라도
가까이
있어다오

사랑으로
넘치는 오아시스
우리의 오아시스여

신기루(蜃氣樓)

나의 창은
신기루

도시의 신기루

아침마다
까치가 날아와
앉는 감나무가 있다

까치밥으로 남은
두어 개 감은
아직도 가을 빛이다

잎이 진
회색 빛 가지들
헝클린 속에
까치가 운다

상서(祥瑞)로운
소식
귀한 손님
오리라 운다

나의 창은
신기루

삭막한
도시사막 신기루

와신상담(臥薪嘗膽)
(월나라 구천과 오나라 부차)

때로는
비굴해질 수도 있을 거야
월나라 구천처럼

비굴이 뿌리되어
집념을 꽃피운
사나이 구천

비굴 뒤에 숨은
와신상담
심장을 가르고 죽고 싶은
심정 누르고
복장 터지는 가슴 참고
온갖 상스러운 짓
다 당하며
사나이의 얼굴 버리고
상분지도(嘗糞之徒)로
부차의 똥까지
찍어 먹었다던 구천

사나이 길에
사나히 길에
질시와
냉대를 넘은

천대

아
살아서
무엇을 할까
무엇을 할까

이빨을 갈고
피를 말리며
와신상담 키웠으리라

복수
복수만큼
세상에
통쾌하면서도
처절한 것이
또 있을까

무지랭이

무지랭이들은
코를 골며 근심이 없습니다
걱정이 없습니다

무지랭이들은
밟는 것이 뭔지
밟히는 것이 뭔지를 모릅니다

목숨이 있는 날까지
살기만 할 것입니다

그 살기만하는 것이
죄 되어
짐이 되어
지친다 하더라도

사람을 원망할 줄 몰라
하늘 우러러
팔자타령 뿐입니다

밤새 눈물을 다 쏟아 내고도
아침이면
초롱초롱 다시 피어 납니다
고요함으로 피어 납니다

최후의 고요
최후의 침묵
최후의 생명으로 피어납니다

지하왕국

돈벌레
자벌레
쥐며느리
집게벌레
바퀴벌레
거미
개미
그 속에
한 마리 벌레 되어

어쩌다
심술이 솟는 날은
죄 없는
벌레들을
때려죽이며
정의를 부르짖는다

힘은
정의가 되어야 하며
나의 정의는
내가 왕이 되는 것

아무리 때려죽이고
밟아 문질러 죽이고

약을 뿌려 몰살을 시켜도
살아남는 벌레들

시뻘겋게
핏발 선 눈으로
내려치는 손 밑에
몸이 터져죽는
바퀴벌레

내가 설정한 정의 아래
시도 때도 없이
죽인다

쥐며느리는
응큼스러워서 죽이고
집게벌레는
가끔씩 나의 횡포를 탄핵해
죽이고
개미 거미는
나의 세력권 밖으로
몰기위해 죽이고
자벌레는 징그러워 죽인다

돈벌레는
발의 수만큼 빠르기도 하지만
혹시나 돈이 많이 생길까 해서
슬쩍 눈을 감아

돈벌레만이 살아남는
나의 방

음침하게
습기 찬
나의 왕국
지하왕국

백동전

살을 에어가는 칼바람에
등짝을 내놓고 엎드린
너는
얕은 곳으로 와서

히히덕 거리며
스쳐가는 우리들
얼마나
모진 마음인가
서로 비추어보는
거울이구나

소름이 돋은 살덩이에
꽃처럼 피어나는
백동전 떨어지는 소리
한 잎 한 잎 불이 되어
마음으로 타오르는 백동전

작년
그 육교 그 자리
천형의 벌
가난의 멍에 진 곳

아직도

두 손은 남았구나
벌리고 있는
두 손

온 몸이
다 얼어
굳는다 해도
두 손만은
타오르리라

불꽃으로 타오르는 소리
소리
백동전 소리

인도

여행을 한다면
인도로 가고 싶다

인도엔
지행일치가
언행일치가
아직 살아 있다고 한다

보이지 않는 세균의
생명을 보호하기 위해
얼굴에 마스크까지 쓰고 다니는
종파가 있다니
그들의 깊이가 얼마만큼 일까

도사
1

우람하지도 않은
작은 막대기
지팡이 삼아
속세에
내려오신 도사님

그리운 것
보고자운 것
먹고자운 것
하나 끊어내지 않으시고
그냥 참기만 하신
그 가슴

어느 바람에
떠내버려도 그만일
그 인연의 사슬
버리지 않으시고
가슴에 담아
키우신 도사님

산속의 영기(靈氣)
맑은 영기
기력을 다하도록
불어 넣으시는

도사님

2

그대께서는
진실로 가진 것 없으시고

그대께서는
스스로 높지 않으시려
애쓰시고

그대께서는
고통을 피하지 않고
참아내시니
참 스승이십니다

그대께서는
모두를 품에 안으시니
그 가슴
끝을 볼 수 없습니다

그대께서는
술수가 없으시니
진정
스승이십니다

3

하시는 말씀들이
저 가지 끝 잎에
찬란한 빛으로 맺혀
땅으로 내리소서

당신의 말씀들이
찬란한 빛의 물결이 되어
세상에
떠도는 말씀들을
함께하여 주소서

해탈

스스로 벗어나
스스로
즐겁고
스스로
기쁘고
스스로
편안하고

하나

하나는
하나로서 하나를
다 할 때
하나일 수 있고

둘은
하나로서
하나를
다 하는 또 다른 하나를
더 할 때
둘이고

셋은
그러한 하나를
더하여
셋이니

하나, 둘, 셋, 넷
하는 그 끝에는
모두가
하나, 하나, 하나이니
이 하나를
하나로서
하나임을 일컬어

둘, 셋, 넷
하면
어찌 너, 나
나, 너
다른 하나라
특별난
하나이라
고집 할 수 있으랴

고향

내 고향은 서울
아버님 고향은 전라도
조상님 고향은 경상도

그래도
핏줄은 하나
그래도
핏줄은 하나

고향이 무엇이길래
패를 만드나
전라도 패
경상도 패
서울 패
이북 패

조상님이 하늘에서
내려다보시며
(똥물에다 모두 튀겨 죽여도
시원치 않을 놈들)하고
한 말씀 하는 소리가
금방 등짝에 떨어질 듯 싶다

퉤하고

가래침을 끌어올려
머리통에
퉤! 하고 뱉을 듯만 싶다

(병신 같은 놈들 싸울 놈이 없어
제 부랄 잡고 빼빼이 치기도 이만부득이지
허 저런 놈들 두고 죽었으니
내가 어찌 구천을 떠돌지 않을 수 있으리)
한 말씀 하는 소리
귀에 꽂혀오는 상 싶다

아프리카에서 두들기는
북소리도 아름답다 하고
방글라데시의 배고픔도
측은타 하면서
어째 한 땅에서 나는
음식을 먹으며
함께 꿈을 키우는 우리
원수 되어 살아야 하나
서로 수군대면서
눈치 살피는 눈동사
뒤돌아서며 마음을 감추는 모습들

코 큰놈은 양냄새가 좋아
딸을 주나
왜놈은 왜냄새가 좋아
몸을 주나

모든 것 다 주면서도
어째
우리끼리는 사랑을 감추고
칼을 내미나

스믈스믈 기어다니는
버러지처럼
서로 말소리 죽이며
소곤대는 소리
세상을 부스러뜨리는 소리

전라도 놈
경상도 놈
충청도 놈
서울 놈
이북 놈
세상 가르는 소리

死語

밤이 시작될 무렵
어느 구석진 곳에 앉아
하루종일 띄운
말속에 담겨진 나의 에너지
어디서 어떻게
시들어 있을까 생각한다

조용히 찻잔을 들고
하루종일 빠져나간
나의 에너지 불러 모은다

고요한 찻잔에
담겨오는
내 하루의 에너지
내 사고의 시체들

총알

아침이면
한 알의 총알로
세상의 가슴을 향해
가지만
폭탄으로 폭발하지 못하고
되돌아오는 몸뚱이

지쳐 되돌아오는
길엔
한 송이 꽃이라도
피어라

세상은 피를 빨아먹는
흡혈귀로
지친 몸
최후의 에너지
흡입해버리고

그래도 쓰러지지 않고
돌아오는
어둑한 구멍

아침이면
다시

일어나 쏘아질
한 개의 총알이기 위해
되돌아오는
어둑한
총구

산화되지 못한
한 개의 총알

4

혼자 사는 집

혼자 사는 집

얼굴이 없는
혼자인 집에는
미소가 없습니다

말이 없는

혼자인 집에는
맛있는 냄새가 없습니다

모래 바람이 목마름으로 왔다
목마름으로 가는
혼자인 집에는
그림자처럼 왔다
그림자처럼 가는
탈색된 삶의 습관이 있을 뿐입니다

호흡과 호흡
서로를 확인하는
뜨거운 삶이 없는
혼자인 집에는

아픔이 홀로 일 때
정성담긴
물 한 그릇이

그리운 곳입니다

주는 것과 받는 것이
크고 좋은 것에
모든 것을 다 담지 않음을
알게 하는 곳입니다

주는 것과
받는 것이
진정
무엇이어야 하는 것을
알게 하는 곳입니다

외로움

혼자 있음으로
혼자임을
가슴으로 깊이
느끼는 것은

혼자인 것이
꼭 외로움 때문만은
아니지요

어쩔 수 없어
혼자인 것이
더욱 외롭게 하는 것입니다

나
혼자임이
사무쳐

한 마리의 강아지
한 마리의 풀벌레

한 마리로 있는 모든 것들의
외로움이
나의 외로움 되어
함께 외로워 합니다

외롭게
버려두는 죄
나에게
외로움으로 내려

따뜻한 숨결과
따뜻한 체온이 아쉬워
따뜻한
모든 것을 사랑합니다

따사로운 햇살
온몸에 내리는
양지녘에
해받이 하는 것은
외로움을
녹이기 위함입니다

따뜻한 물
따뜻한 방바닥
따뜻한 이름 모를 얼굴들의 미소

이 세상 따뜻한 모든 것을
사랑합니다

외로움은
모든 죄악의 씨로
던져져

아담의 갈비뼈를
뽑아
이브를 만들었지만

외롭고저
외롭고저 애쓰는 것은
무슨 까닭입니까

모든
죄악의 근원
외로움
서로를 외롭게 하는 죄

인연

배가 고파
밥을 한 그릇 먹는대도
인연을 찾아 먹는다

주인의 마음을 따라서
음식의 맛을 따라서

인연은
인연의 그물을 치고
한 순간도 빠지지 않고 있으니
어찌 인연을 떠나
인연을 맺을 수 있으랴

옷깃만 스쳐도 인연이요
미소만 엇갈려도 인연이요
말 한 마디에도 인연인데
그 인연이
얼마나 질기며 운명적이냐
얼마나 숙명적이냐

이제 인연을
인연으로 생각하기엔
너무나 계산적이어야 해서
인연을 가르고

인연을 찢으며 사는 세상

조국의 인연
부모의 인연
형제의 인연
부부의 인연
사랑의 인연
계산에는 당하지 못하여
찢기고
찢겨지는

아
아픈 인연들이여

치마바위
(인왕산 치마바위)

님
님
님이 되어 주소서

금관옥좌
서슬퍼런 권세
다 버리시고
님이 되어주소서

밤마다
그리움 넘쳐
피가 솟아
붉은 치마
되었나이다

인왕산
골골이 모두 녹아
물이 되어 흐른다
하여도
어찌
그리움 녹아 스러지리

오소서
오소서

님이 되어 오소서

밤마다
타 오르는
그리움
혼자 태우긴
벅차옵니다

밤마다
산새들
울음소리 홀로 다 삭이기에는

문 밖 스치는 바람소리
행여
님의 옷 스치는 소리인 듯싶어
가슴 조이는 밤들이
이제는
너무 벅차옵니다

오소서
오소서
님이 되어 오소서

언제적에
꿈에라도
왕이 되겠다
왕비 되겠다

했답니까

소리 치소서
소리 치소서
사랑찾아
일어나소서

님 그리워
여기 치마를
펼치나이다

얼굴이야 못 볼 양이면
타는
그리움이라도
보소서

세상천지
금수들도
둥치 튼 사랑에야
무슨 섭리 있어
생이별 있답니까

헌신짝
내던지듯
팽개치고 오소서

왕은 못하여도

이 세상에
누구라도
사랑할 시는
이러니라
한 말씀 하듯
다 버리시고
오소서

오소서
오소서
님이 되어 오소서

숨바꼭질 사랑

찾아라
찾아라

꼭꼭 숨은 사랑을
눈 가리고 있을 시간도 없이
찾아라

숨으면 찾고
찾으면 숨는
사랑놀이
숨바꼭질 사랑

뜨거운 불길 태우지 못해
태우지 못해
숨은 사랑 찾는
숨바꼭질 사랑

못다 한 사랑은 죄입니다

내 그대에게
죄라면
더 뜨겁게
더 아프게
품어 안지 못한 것이 죄입니다

아무리 거세게
돋아난 가시의 가슴으로 온다 하여도
나 더욱 뜨겁게
보듬어 안아
녹이지 못한 것이 죄입니다

이제와
더 뜨겁지 못한 것이
더 포근하지 못한 것이 죄임을 깨닫습니다

내 그대에게 죄라면
더 뜨겁게
더 아프게
품어 안지 못한 것이 죄입니다

다 하지 못한 사랑은 죄입니다

꽃동네
(오웅진 신부님의 꽃동네)

이러네
저러네
말도 많은 세상
이름도 좋아라
꽃동네

살다가
살다가
지쳐 쓰러져
죽지도 못한 생명들

하나, 둘
거두어
꽃처럼 피워내는
꽃동네

마음의 향기
가득한 꽃동네
꽃동네

우리가
살다가 가는 이 세상
온통
당신의 마음되어

꽃동네
되는 날
꽃동네
되는 날

있으리이다

꽃사슴

꽃사슴
이름만 들어도
냄새를 맡고 싶다
꽃사슴

꽃향기
휘날리는
그윽한 그 이름

꽃이 피는 꽃사슴

이슬 고인 눈
바이올린 선율이
울려 나올 것만 같은
맑은 눈망울

세상이 번잡스럽고
험하여가도
꽃사슴은
여전히 꽃사슴

꽃이 피는
꽃사슴

배봉산

아침안개
향그러운 배봉산

언제나
포근한 품으로
따뜻이 맞아주는 배봉산

살며시
소곤거리는 숲 사이로
들어서면
미소 짓는 나무들

5

민들레 할머니

옷

아담과
이브의 부끄러운 유산

한 벌의 옷으로
몸을 가리면
남는 것은
못난 얼굴

시인

당신의
언어엔
색깔이 넘칩니다

출렁이는
언어로
우리를 물들이는
싱그러운 빛

메마름이 없는
언어의 강

가슴을
적시는
당신의 언어

동양여관

어지러운 삶을
빛 없는 철창에 자물쇠를
채우듯
가방 속에 쑤셔넣고
쟈크를 잠그면
또 다시 방랑이다

혼자 떠돌다
지쳐 잠시 쉬었다가는
동양여관

육체의 찌든
땀을 앞서간 객의
땀 냄새에 더 보태어
이 이승살이
허물인 양 요 껍데기를
벗어나는 하루

하늘을
우러러 한 점 부끄럼 없기

그것은
지옥까지도
따라 붙어 괴롭힐

화인의 계명

어느 하늘아래
이보다 더 무서운
율법이 있으랴

주체하지 못할 업보
이기지 못해
비틀거리는 땅위에
하나의 이정표로
서버린
부끄러움

어디로 가시나요
어디로 가시나요

동양여관
요때기에는
누가 흘린 것인지도 모를
온갖 오물들이 함께 얼룩져
소리쳐 묻는 아침

핏자욱 선명한 요껍질을 벗기는
소리

에잇 더러운 것들
세상의 온갖 더러움이

녹아들어
부끄러움으로
하늘을 가리면

우러를 하늘이 없어
부끄러움이 없는 세상

오살을 할 년

주인여자 퉤
침을 뱉으면
검붉은 핏속으로 파고들어

하루를 씻는 동양여관

하루살이

하루를 살고 가는
하루살이

그 짧은
하루라 할지라도

날개마다
부딪는 햇살 눈부시어라

하루를
다 채우고자
웅웅대는
하루의 삶

그 빛나는
하루

그 하루의
생명

바람

바람은
어디를 가나
바람은…

바람은
우우 소리를 내지만
결코 눈물은 없다

바람은
언제나 오지만
마주하는 미소가 없다

오면서 떠나는 바람
바람
바람은 어디를 가나

해탈한 승려의 가슴이 되어
우리의 몸에
우리의 영혼에
잠시 머물다 가는가

바람은
바람은
어디에 머무나

민들레 할머니

팔 것이 뭐이가
내레 이북에서 넘어 와개지고
팔 것이 뭐 있갔어

그저
살고 봐야디

이오가
있던 없던
세상을 살고 봐야디

아스팔트 늘어진
길가에
알알이 씨앗으로
질긴 뿌리 내린
민들레

할머니
보리쌀 안 되만 주세요
할머니
콩 한 되만 주세요

할머니
할머니

흔들어 깨우는
바람결 같은 소리에
퍼득퍼득 깨어나는 하루

됫박을 쏟고도
세상살이 아쉬움으로
쨀금 쨀금 퍼 담는 덤 질 됫박

그렇게 퍼주고
뭐가 남나요

안 남으면
그만이디 뭐

할머니
좁쌀 한 되만 주세요
할머니
수수 한 되만 주세요

할머니
할머니
부를 때마다

이 세상을
들어 올리듯
눈꺼풀을
들어 올리는 할머니

그래
이제 가야디
고향으로 가든
저승으로 가든 가야디

황혼의
노을이 떨어지는
길바닥 싸전

눈을 감으면
고향인데
눈을 뜨면 어딘가
어딘가

가야디
고향으로 못 가믄
저승이라도 가야디

이제 가야디
....

산

산에는
깊은 숨결
새롭게
길러내는 가슴이 있습니다

오르는
걸음마다
토해내는 호흡이
역겹다 하여도
새롭게 씻어내는
깊은 가슴이 있습니다

급한
서두름의 발길이
애타게
이어 온다 하여도
늘상 그 자리
그 모습으로 있습니다

마지막 가는 길
마지막 믿고 가는 길엔
영원히 잠들
양지의 품 내주는
넉넉한 가슴이 있습니다

오르는 걸음은
높은 곳으로
세상을 보는 걸음이지만
내려오는 걸음은
스스로를 보는 깊은 걸음이어서
조심스러운
조심스러운
발길입니다

아차산 소쩍새

소쩍
소쩍

밤마다

외롭다
외롭다

서럽다
서럽다

울지만

그래도
이 세상

소쩍
소쩍
울음 울

소쩍새 남기는
소쩍새

아차산 뻐꾸기

뻐꾹 뻐꾹
뻐뻐꾹
한 마리
뻐꾸기 울지만

산을 가득 채워
산이
외롭지 않습니다

뻐꾹 뻐꾹
한 잔의 술판이
없어도

이 오월의 푸름이면
흥이 넘쳐
뻐꾹 뻐꾹

뻐뻐꾹
한 박자를
쉬어 노래 합니다

이만큼의
푸름이면
살아 볼 만한

세상

빼꾹 빼꾹
돈은 뭐하나
땅은 뭐하나
대통령이면 뭐하나

빼꾹 빼꾹
이만하면
살만한 세상

빼꾹
빼꾹
아차산 빼꾸기는
갈수록
목청도 고와

빼꾹 빼꾹
노래합니다

아차산 찔레꽃

필시
어느 계집의 다 하지 못한
사랑이 쓰러져 찔레가 되었으리

하얀 잎새 잎새마다
사랑으로 목말라
타오르는 냄새
이 냄새라면
나를 찾아 올 수 있으리다
있으리다
가슴을 태우는 찔레꽃

줄기마다 돋아난 가시는
세상을 향해 찌르지만
흰 꽃잎은
님 그리워
가슴을 펼칩니다

가슴으로
가슴으로
파고드는 찔레

한번만 맡아도
잊히지 않을

평생의 냄새

하얀 빛으로
은은히
다가와
온 몸을 불사르는
찔레

아차산 1

눈이 옵니다
눈이 옵니다

아차산 깊은 골에 눈이 옵니다
나무 가지 사이사이 하얗게 내립니다

하늘의 숨결인 듯
하늘의 꽃잎인 듯
아차산에 내립니다

천년의 고요가 부서져
흰가루로 온 산을 덮습니다

고삐를 털며 일어나 달릴 듯
웅크린 아차산 능선마다
하얗게 내립니다

외톨배기 떠돌이 영감님

오갈 곳 없고
찾아오는 발걸음 없는 움막에도
포근히 쌓입니다

눈이 옵니다

눈이 옵니다

아차산 줄기 줄기마다 눈이 옵니다

봄을 기다릴 줄 아는
땅위에 하늘의 하얀 이야기 쌓입니다

아차산 2

아차
아차
깨닫지만
이미 늦은 말입니다

아차산은
이미 늦은 산입니다

앞과 뒤가
바뀌어 앉은 산
제대로 앉기는
이미 늦은 산입니다

뜻은
이미 놓쳤지만
더 놓치기 전에
아차
한 말씀 하실 양이면
아차산을 한 번쯤
불러 보는 것도
괜찮으리이다

허무주의자 또는 국외자의 꿈과 길

詩人 申庚林

사람이란 대개 비슷비슷한 사람끼리 모이게 마련이어서, 더러 인사동으로 민병산씨를 찾아가면 그의 주위에는 그와 비슷한, 약간은 세상살이에서 비켜섰거나 뒤쳐진, 또는 세상 돌아가는 일에는 아랑곳없는 사람들이 모여들었는데, 김낙영도 그중의 하나다.

늘 말이 없고 그림자처럼 앉았다가 그림자처럼 사라지는 사람이어서 시를 쓴다고 했지만 큰 관심을 갖게 하지는 않았다. 워커힐 뒤로 돌아가는 외진 강마을에서 혼자 산다는 것, 물건을 닥치는 대로 봉고차에 싣고 이장 저장을 떠돌며 장사를 한다는 것, 대체로 주위에서 그에 대해서 알고 있는 것은 이정도였다.

지금 생각하니, 가끔 민병산씨가 오늘같이 각박한 세상에 어떤 조직 속에도 들어가지 않고 홀로 떨어져 사는 일이 얼마나 어려운가를 얘기하면서 김낙영을 들먹였던 것 같다.

나는 그런 말을 귓등으로 들어넘겼지 새겨듣지 않았다. 이제 김낙영의 시를 훑어보니 민병산씨의 그런 말이 새삼스럽게 생각난다. 그리고 그가 지금 살아 있었더라면 이 글은 마땅히 그가 썼어야 어울린다는 생각도 든다. 그가 작고한 지 꼭 1년이 되는 날, 내가 이 글을 쓰게 된 것도 인연이라면 인연이겠지만.

그러나 김낙영의 시들을 읽으면서 나는 이 글을 쓰게 된 일이 기쁘다. 비슷비슷한 시, 세상에서 좋은 소리는 다하려는 공명심에 들뜬 시, 비평가들의 채찍질에 들쥐새끼들처럼 한쪽으로 몰려가는 시에 질리고 넌더리가 났던 터에 닥치는 대로 물건을 봉고차에 때려 싣고 아무 장터나 찾아가 사는 사람이 있던 없던 전을 벌리는 것 같은 그의 시는 신선하기까지 했기 때문이다.

그의 시의 가장 큰 미덕은 누구의 눈치도 보지 않는 점이다. 오늘의 시의 경향이 어떻고 문학이 어떤 쪽으로 흘러가든 그는 아랑곳하지 않는다. 제 방식대로 살 듯 제 방식대로 시를 쓰는 것이다.

여행을 한다면
인도로 가고싶다
인도엔
知行일치가
言行일치가
아직 살아 있다고 한다
보이지 않는 세균의
생명을 보호하기 위해
얼굴에 마스크까지 쓰고 다니는
종파가 있다니
그늘의 깊이가 얼마만큼일까
“인도” 전문

어찌보면 아주 소박한 발상이다. 또 누구나 할 수 있는 쉬운 생각이랄 수도 있다. 일체의 수식이나 군말이 없는 표현도 단순하기 짝이 없다. 또 요즘같이 급박하게 돌아가는 세상과는 아무 상관없는 한가한 소리이기도

하다. 성미급한 독자는 도대체 이 판에 이런 시를 왜 쓰는가 대들지도 모른다.

하지만 이 시를 읽고 웃음을 머금치 않는 독자가 어데 있겠는가. 또 이 시처럼 읽는 이의 마음을 편하게 해주는 시가 또 어데 있는가. 어쩌면 바로 이것이 시의 기능의 하나일는지도 모르겠다. 뿐더러 이 짧은 시에는 오늘의 그의 삶의 모습을 설명해 주는 대목도 있다.

지행일치, 언행일치가 살아 있지 않는 세상이 그는 싫은 것이며, 비록 혼자서라도 "보이지 않는 세균의/ 생명을 보호하기 위해/ 얼굴에 마스크까지 쓰고 다니"는 그런 삶을 그는 살고 싶은 것이다. 그의 삶을 말해주는 시에 또 다음과 같은 시도 있다.

스스로 벗어나
스스로
즐겁고
스스로
기쁘고
스스로
편안하고
　　"해탈"

이 시의 내용은 다른 데서도 많이 들어본 소리로 그리 독창적이라 할 수는 없지만, 그가 이상으로 하고 있는 삶이 어떠한 것이며 그가 오늘 왜 남과 다른 삶의 길을 걷고 있는가를 설명해 주면서도, 읽는 이에게 부담을 주지 않는다는 점에서 그의 시의 한 전형이라 할 수 있다. 이 일곱 행밖에 안 되는 짧은 시 속에 "스스로"

라는 말이 네 번이나 나오고 있는 점에 주목할 필요가 있을 것이다.

"스스로"란 말할 것도 없이 남의 뜻이나 강제에 의한 것이 아니고 자신의 뜻, 자신의 힘에 의한 것이다. "벗어나"란 행위가 "스스로"임으로 해서 "즐겁고" "기쁘고" "편안하다"는 표현도 소홀히 읽어 넘겨서는 안 된다. 그의 삶의 꿈과 길이 바로 여기 내비치고 있기 때문이다.

하지만 위의 두 편의 시만을 읽고도 그의 시에서 세상을 치열하게 살려는 사람들을 대수롭지 않게 여기는 허무주의적 생각을 잡아내기는 어렵지 않다.

그 허무주의적 생각이 인간 존재나 삶의 문제에 대한 본질적 회의에서 오는 것일까? 아무래도 그런 것 같지는 않다. 군데군데서 삶을 열심히 살려는 노력의 한 끝을, 또 거기 따른 분노와 좌절을 엿볼 수 있기 때문이다. 말하자면 그 노력이 좌절되면서 허무주의적 생각을 갖게 되었다고 말할 수가 있다. 그렇다면 그가 가진 허무주의적 생각은 패배자의 논리일 수도 있겠다.

지킬 제집도 지킬 제땅도 없는 놈들은
나라 지킨다고 삼팔선에서 죽어넘어갈 때 제가 지켜야 할 제집 제땅 버리고 자식새끼 외국에 빼돌려 놓고 남의 나라로 도망갈 궁리 먼저 하던 놈들이 항상 애국자 행세하는 것은 무슨 이유일까

아무것도 없는 자가

악다구니를 쓰며 지켜야 하는 것이
민족을 배신한 앞잡이를 위해서인가
도망가는 비겁자를 위해서인가
아직도 힘이 정의가 되는 사회를 위해서인가
썩어가는 도시의 환락을 위해서인가
부정부패를 위해서인가
"무소유"에서

오늘 아침 신문엔
벌건 대낮에
제나라 민족이 제나라 부녀자를
납치해
아무데나 팔아먹는 패거리가
수도 없이 많다니

숨떨어진 전우의 유품에서
슬쩍슬쩍 한다는 유언비어쯤은
아무것도 아니었구나
아무것도 아니었구나
"무소유"에서

이기기 위해서 살아야 하고
살기 위해서 경쟁해야 하는
이리떼
물어라 뜯어라
그리고 존재를 즐겨라
외치는 저 원시성

우리 모두는
적이 되어서

서로를 증오하며
약한 자는 죽음이 있을 뿐
그 죽음을 딛고 선
우리의
피 묻은 입술

"이데올르기"에서

이러한 표현들은 적어도 일정한 시기까지는 그의 삶이 극히 평범했음을 말해준다. 여기 나타난 분노와 좌절이 이 땅에 사는 평균적인 사람이라면 다 가질 수 있는 것 이기 때문이다.

어쩌면 그의 시가 읽는 이를 편하게 해주는 것도 여기 연유하는 것인지도 모르겠다. 그러나 이만한 분노, 좌절, 절망, 실의가 허무주의로 가게 한다면이땅에 사는 사람치고 허무주의자 안 되는 사람이 어데 있겠는가. 그렇다면 그로하여금 허무주의적 생각에 이르게 한 것은 무엇일까. 이 점에 대해 다음의 시는 많은 것을 시사해 준다.

애야
그 막대기 버려라
버려라
버려

막대기 때문에
꼭 싸움이 되지 않니

막대기가 손에 있으니까
그걸 가지고 때려보고 싶어
싸움이 되잖니

어서 버려라
어서 버려

태미 할아버지는
거북이 등 같은 손으로
농사밖에 몰라도
싸울 무기가 없으면
싸움이 안 되는 걸
일찍 아신 할아버지

아이들 손에
뭐만 들려 있으면
버리라고
소리치신 영감님
힘센 나라
군축회담 할 때마다
생각나는
태미 할아버지

"태미 할아버지" 전문

이 시는 보기에 따라서는 전쟁, 또는 군비를 우화한 시다. 그러나 이 시에서 가진다는 것이 모든 삶의 비리, 부패, 부정의 원천이 된다고 생각하는 작자의 뜻을 읽기란 어려운 일이 아니다. 말하자면 가지는 것이 모든 모순의 근본인 것이다. 그래서 그는 가지지 않고, 버리며 살려는 노력을 하는데 그것이 그로 하여금 허무주의에 기울게 하고 나아가서 삶의 치열한 현장에서는 한 발 비켜선 국외자의 길로 나가게 하는 것이다.

이 허무주의자, 국외자에게는 꿈이 있을까. 다음과 같은 아름다운 구절을 읽는 것으로 혹 그의 꿈일 수도 있는 것을 엿보면서 이 글을 끝내기로 하자.

살다가
살다가
지쳐 쓰러져
죽지도 못한 생명들

하나 둘
거두어
꽃처럼 피워내는
꽃동네

마음의 향기
가득한 꽃동네
꽃동네

"꽃동네"에서

<跋에 부쳐>

煩惱의 詩魂

詩人 鄭孔釆

시인 김낙영의 시를 읽으면 제법 골머리가 아프면서 또 화끈하게 발산되는 魂불 같은 戰慄을 느끼기도 한다.

왜 그럴까. 그의 다 함 없는 젊은 詩魂이 多端하게 불타오르기 때문이라고 한 마디로 잘라 말해도 좋을 성싶다.

衝動的으로 넘쳐 터진다 할만큼 溢裂해 오는 그의 시는 잠자지 않는 바람같아서, 우리에게 문제를 던지기도 하고 心琴을 잔뜩 팽팽하게 튕기기도 하는데 시집 제명으로 내세운 <저 바람 누가 잠재울것인가>가 바로 이를 默示해 준다 하겠다.

시의 에스프리에 있어 삶이라는 것이 자아와 세계, 주체와 객체 사이의 관계에 있어 동일성의 확인을 바탕으로 하고 있고, 이를 위해 자아와 또 진정한 자아의 관계에 대한 물음으로 시작되고 있음을 보아 金洛永 시인의 번뇌는 매우 진실된 정신의 詩魂에서 비롯됨임을 할 수가 있다.

神의 피조물이라는 인간이나 사물은 한결같이 동일성의 세계 속의 존재가 되어 공존하고 있기도 하다.

근원적으로 인간과 자연, 자아와 그 세계는 곧바로 화해와, 그러므로써 얻게 되는 공존의 윤리성마저 지니고 있다고도 한다.

인간이 얻는 물음과 追求性의 답은 언제나 상치된 거리에서도 자연이나 세계와의 조화와 화해, 그리고 공존윤리로 해서 지니게 됨은 무척 신비롭기도 하다.

아울러 이 신비로운 자연적 슬기는 우리 인간에게 무한한 생명력과 영원성을 부단하게 확인시키고도 있다.

古代人의 영원불멸의 사상이나 영혼숭배의 신앙에서도 자아와 세계, 주체와 객체가 동일성으로 확인될 때 지상의 번뇌 또한 벗어날 수 있었음을 알려주고 있다. 또한 인간이 지닌 부조리한 근원적 조건마저도 相殺 시킬 수 있고, 나아가 극복할 수 있는 초월의 세계까지에 도달케 하는 것이다.

金시인의 시에서는 이같은 동일성의 확인과 함께 존재에 대한 날카로운 顯現性도 깊이를 드러내며 파헤치고 있어, 그이 시 정신 혹은 詩的 분위기가 얼마나 매서운가를 잘도 看破케 해 주고 있다.

다시 말해 번뇌의 시혼에 불타고 있는 시인이 金洛永이라 일러도 잘못은 아닐 것으로 확신된다.

시의 에스프리에 있어 동일성의 확인이나 영원한 감동으로서의 존재의 드러냄은 시인에게 있어 필수적인 것이지만, 金시인에게서 표출되는 이 시정신은 너무 치열하기도 해서 자칫 裂傷의 위험성마저 내포하고 있지 않나 할 정도이다.

또한 그의 시의 흐름을 보면 시의 형태는 二次 的인 것이 되고 오로지 시정신에만 그 시혼을 불태우고 있는 것 같아 무섭기도 하다, 그가 드러내는 존재와의 물음은 이 시인의 치열한 동일성 확인을 조화롭게 화해시키고 있어 안심이 가기도 한다. 곧 그의 시에서는 철학적 설명 보다는 시정신이 근원적으로 우러내는 시심 혹은 시혼의 말씀으로 詩를 이루기에 감동과 함께 인간적인 친근감이 저절로 이는 것이 된다.

그의 시 <저 바람을 누가 잠재울 것인가>를 읽어만 봐도 이와 같은 시정신은 대번에 울림해 드는데, 端的으로 잘라 말해서 金洛永시인의 시에서는 자아와 세계와의 交接을 위해 존재의 顯現을 환히 밝히면서 계속된 동일성의 확인을 그의 시혼으로 가득히 接木시키고 있는 것이 된다.

한 알의 모래이거나
한 포기의 풀이거나
한 개의 바위돌이 아니어서
나의 아픔은 시작이 있었고

그래 마음자리를 없애지 않고는
안 아플 수 없다는
佛家의 말씀은 참 매력적이다
하지만 그 길을 닦는 것이
어디 보통 일인가
어디 보통 일인가

그래
한 잔의 술이다
얼마나 좋은가
모든 것을 잊는 것이다

잊는 것 같이 또 좋은 게 있을까
예수의 사랑같이
뜨거운 사랑을 끊임없이
할 수 없을 바에는
왼 빰을 맞고 오른 빰을
내줄 뜨거운 사랑 없을 바에는
잊어버리며 살자

<저 바람 누가 잠재울 것인가>의 初半部 3연을 옮겨 봤는데, 그의 번뇌하는 시혼은 시의 에스프리를 그대로 實證해 준다 하겠다.
詩道의 精進을 거듭 빌어마지 않는다.